काँच के पुल

कविता संग्रह

सौरभ कुमार गौतम

BookLeaf Publishing

India | USA | UK

Made with ❤ on the BookLeaf Publishing Platform
www.bookleafpub.in
www.bookleafpub.com

Dedication

समर्पण

मेरे दादाजी स्वर्गीय श्री रामजन्म सिंह
को समर्पित

Preface

प्रस्तावना

काँच के पुल - नाम जितना पारदर्शी है, उतना ही नाज़ुक भी।

यह मेरी दूसरी कविता-संग्रह है, शायद पहले से ज़्यादा निजी, ज़्यादा बेबाक़ । इन कविताओं को लिखते समय मैं किसी शिल्प या शैली का पीछा नहीं कर रहा था , मैं सिर्फ़ अपनी आँखों से दुनिया को देख रहा था और अपने भीतर गूंजते उस संवाद को सुनने की कोशिश कर रहा था, जिसे हम अक्सर अपने व्यस्त जीवन में अनसुना कर देते हैं।

मैंने पाया कि आधुनिक मनुष्य बाहर से जितना व्यवस्थित दिखता है, भीतर उतना ही उलझा हुआ है । वह मुस्कुराता है,मगर थका हुआ है। वह दौड़ता तो है , पर दिशाहीन है। इन कविताओं में मैंने उसी भीतर की आवाज़ को शब्द देने का प्रयास किया है - कभी आत्ममंथन के रूप में, कभी स्मृतियों की गंध में, तो कभी सामाजिक विडंबनाओं की कड़वाहट में।

'काँच के पुल' उन क्षणों का प्रतीक है जब जीवन के रास्ते पारदर्शी तो लगते हैं, मगर हर क़दम पर टूटने का डर भी साथ चलता है इन पुलो पर चलना कभी साहस माँगता है, कभी स्वीकृति- और कभी-कभी सिर्फ़ किसी का साथ जो आपके पास डर को फटकने न दे ।

इस संग्रह में प्रकृति का सौंदर्य, अकेलेपन की तन्हाई, और सामाजिक विसंगतियों की चुभन- सब कुछ है, क्योंकि यही तो जीवन है।जीवन

को जितना महसूस किया, उतनी ही ईमानदारी से काग़ज़ पर उतारने की कोशिश की।

अगर इन पंक्तियों में कहीं आपको अपना कोई अनुभव, कोई याद, कोई सवाल या कोई चोट दिखाई दे - तो मान लीजिए, कविता ने अपना काम कर लिया।

सादर,
सौरभ कुमार गौतम
अहमदाबाद
१२ जून २०२५

Acknowledgements

आभार

"शब्द कभी सिर्फ़ शब्द नहीं होते, वे साँस बनकर उतरते हैं भीतर और ख़ामोशी से बैठ जाते हैं आत्मा के किसी कोने में।" इस संग्रह को लिखते समय मैंने पाया कि कविता शब्दों में नहीं, चुप्पियों के बीच रहती है। पाठकों से यही अपेक्षा है कि वे इन पंक्तियों को पढ़ते समय सिर्फ़ अर्थ न खोजें, बल्कि उस मौन को भी सुनें जो हर कविता के पीछे धीरे-धीरे साँस ले रहा है।

पर हर कविता सिर्फ़ भाव से नहीं, समय और सहमति से भी बनती है - और उस समय का एक बड़ा हिस्सा मैंने अपने प्रियजनों से लिया है। सबसे पहले, मेरी पत्नी भावना निधि - जिसके हिस्से के कई क्षण मैंने चुरा लिए, कभी कविता के नाम पर और कभी विचारों की बेचैनी के नाम पर। वह न केवल मेरी गृहस्थी की स्थिरता हैं, बल्कि मेरी रचनात्मक उथल-पुथल की मूक सहभागी भी हैं। हमारा बच्चा श्रेयस जिसने मेरे समय और उपस्थिति की कमी महसूस की होगी - यह संग्रह कहीं न कहीं उसकी मासूम मुस्कान का भी ऋणी है।

मेरे माता-पिता, जिन्होंने मुझे जड़ें दीं और साथ ही पंख भी, उनका विश्वास मेरे लेखन का मौन आधार रहा है।

मेरी बहन श्वेता, जो मेरी कविताओं की पहली पाठक, सच्ची प्रशंसक और सबसे ईमानदार आलोचक रही है उसका समर्थन मेरे लिए बहुत मूल्यवान रहा है।

मेरी सासू माँ डॉ. नीलिमा - जिनके स्नेह और प्रोत्साहन ने मेरे विचारों को दिशा दी - उनका विशेष धन्यवाद।

मेरे मित्र गौरव प्रियदर्शी, जिन्होंने मेरी कई कविताएँ न केवल ध्यान से पढ़ीं, बल्कि उन पर समय, संवाद और भावनात्मक साथ भी दिया - मैं उनके प्रति गहरा आभार व्यक्त करता हूँ।

और अंत में, मेरे प्रकाशक जिनके विश्वास और श्रम से मेरी कल्पना ने काग़ज़ पर आकार लिया। आपने इन शब्दों को सिर्फ़ छापा नहीं, उन्हें जीवन दिया।

यह संग्रह जितना मेरा है, उतना ही आप सबका भी।

सादर,
सौरभ कुमार गौतम

1. काँच के पुल

पुल जोड़ते हैं
एक जगह को दूसरी जगह से।
ख़ासकर उन जगहों को
जिनका एक-दूसरे से जुड़ा होना बहुत ज़रूरी हो
लेकिन फिर भी,
जो आपस में जुड़े न हों ।
इसलिए कि उनका जुड़ना मुश्किल रहा,
या फिर इसलिए कि
किसी ने उनके जुड़ने का विचार ही नहीं किया अब तक।

फिर भी कुछ लोग,
पुल बनाते हैं
अपनी ज़रूरतों के अनुसार।

जैसे राम की वानर सेना ने बनाया था एक पुल
लंका तक जाने के लिए,
समुद्र के घमंड को तोड़कर
उसे पत्थरों से भर दिया था,
एक सुगम रास्ता बनाने के लिए ।

लेकिन इतिहास में
पुल कम ही बनाए गए हैं।

मानव जीवन का इतिहास
जितना दूरियाँ बनाने का इतिहास है,
या खाइयाँ खोदने का,
उतना यह इतिहास पुल बनाने का नहीं है
जो जीवन को सहज बना सके।

इधर देखता हूँ,
पुल बनाए जा रहे हैं
और टूट भी रहे हैं लगातार।

इंसान बना रहा है पुल
बिलकुल कमज़ोर,
नाज़ुक, भंगुर और अशक्त!

इंसान बना रहा है काँच के पुल।

2. आश्रम

मैं आश्रम गया था।
आश्रम जाते हैं लोग,
शांति की तलाश में,
प्रकृति की गोद में,
शहर के कोलाहल से दूर।

या फिर सत्यान्वेषी,
उस सच को ढूँढने के लिए
जो हमारे भीतर है।
जिस सच को हमारे अलावा
कोई ढूँढ नहीं सकता,
बिलकुल अपना, निजी सच।

मैं भी उसी सच की तलाश में
आश्रम गया था।

आश्रम बनाया गया था
शहर से बहुत दूर,
प्रकृति की गोद में।

आश्रम के चारों ओर
घने ऊँचे पेड़ थे,
जो आश्रम को घेरे हुए थे।
जैसे प्रकृति लपेटे हुए हो उसे,
माँ की तरह।

आश्रम फैला था कई एकड़ ज़मीन में,
जहाँ पहले पेड़ रहे होंगे।
आश्रम के द्वार तक पक्की सड़क जाती है,
गाड़ियों और बसों को लेकर,
उनकी चिल्ल-पों के साथ।

कई दुकानें खुली हुई हैं ठीक सामने-
ऊँचे दामों पर राजसी भोजन परोसती।
आश्रम के भीतर भी कई दुकानें हैं-
जहाँ किताबें और अन्य उपहार मिलते हैं,
अपनी असल क़ीमत से कहीं अधिक क़ीमत पर।

आश्रम के अंदर
श्रद्धालुओं की भीड़ थी -असंख्य श्रद्धालु।
फिर भी यह भीड़ बहुत नहीं दिखती,
क्योंकि आश्रम बहुत बड़ा है,

कोटि-कोटि पेड़ों को काटकर जो बना है-
जैसे बच्चे काट देते हैं
ज़िंदगी से माँ-बाप को।

यह आश्रम भी उन्ही पेड़ों
को काटकर बना है
जिसकी छाया में यह फल फूल रहा है

श्रद्धालु आते हैं ,
हर रोज़ बसों और कारों में भरकर
ख़ुद के अंदर सत्य ढूँढने,
या सिर्फ मौज-मस्ती के लिए।

ये नया युग है।
ये नए युग के श्रद्धालु हैं।
ये नए युग का आश्रम है।

3. पुराने दोस्त

पुराने दोस्तों को
भूलना कठिन ही नहीं, असंभव है।

आप अपनी स्मृतियों से ही तो बने हैं-
अगर आप उन स्मृतियों को मिटाते हैं,
तो आपका अस्तित्व क्या रह जाता है?

परिवार ढालता है आपको एक साँचे में-
एक सोच, एक विश्वास में।
लेकिन दोस्त तोड़ देते हैं उस साँचे को
और देते हैं आपको कल्पना का आकाश।

तकल्लुफ़ और मर्यादा-
परिवार की पहचान हैं,
और स्वच्छंदता-
दोस्ती की परिचायक।

जब संपर्क टूट जाते हैं
व्यस्तताओं के कारण,
तो परिवार में बढ़ जाती हैं दूरियाँ।

शिकवों और शिकायतों
की बातें ज़्यादा होने लगती हैं-
सुनाई देती हैं बस कानाफूसियाँ।

पर दोस्ती झेल जाती है
दूरी और असंपर्क को सहजता से-
मानो आपने किसी अच्छी फ़िल्म को
पॉज़ कर दिया हो।

जब इसे फिर से प्ले किया जाएगा,
तो यह वहीं से शुरू होगी,
उतनी ही प्यारी लगेगी।

पुराने दोस्तों से मिलना,
बहुत कुछ वक़्त को रोकने जैसा है,
उम्र को कम करने जैसा-
यह बुढ़ापे को फिर से जवानी,
या बचपने की तरफ़ मोड़ने जैसा है।

आज फिर मैंने यादों का पिटारा खोला है,
और बिल्कुल स्पष्ट दिखाई दे रहे हैं-
पुराने दोस्त।

4. दुनिया

दुनिया एक नहीं है,
अनेक है दुनिया

कभी-कभी एक ही घर में
अनेक दुनिया रहती है।

एक शहर में लाखों,
एक राज्य में करोड़ों,
देशों-महादेशों में
अरबों दुनिया रहती है।

हर एक दुनिया के
अलग रंग हैं,
अलग रूप हैं।
अलहदा छांव है,
जुदा-जुदा धूप है।

बस जो आँखों को
दिखाई दे जाती है,
दुनिया वही नहीं होती।

इस आँखों देखे को
हमारा दिमाग़
जैसे दर्ज करता है,
दुनिया वो होती है।

मेरा परिवार
सबके लिए
परिवार नहीं है।
बस कुछ लोग हैं।

पर मेरे लिए
ये लोग ही परिवार हैं,
यही मेरी दुनिया है।

5. आतंकवादी

वही जो मारता है लोगों को
बंदूक हाथ में लेकर,
छलनी कर देता है जिस्म
या खोपड़ी में छेद कर देता है।

बम से उड़ा देता है
समूचे इलाक़े को,
या किसी तेज़धार चाकू से
निर्दोष का गला रेत देता है।

किसी पुल को उड़ाकर
गाड़ियों को नदी में डूबो देता है,
या किसी गगनचुंबी इमारत में
हवाई जहाज़ घुसेड़ देता है।

जो किसी नादान लड़की को
इसलिए गोली मार देता है
क्योंकि वह स्कूल गई थी,
जो लड़कियों का पढ़ना-लिखना,
घर से निकलना रोक देता है।

जो किसी तर्क, किसी बात को नहीं सुनता,
जो हर, चीख - पुकार को
अनसुना कर देता है।

मैं समझता हूँ
किसी बम के धमाके में
उसकी आत्मा बहरी हो गई होगी।

उसे अपने घर में
अपनी बहन, माँ,दादी की हालत
दिखाई नहीं देती होगी।

किसी नदी में डूबकर
या किसी इमारत से कूदकर
उसका ज़मीर मर गया होगा।

उसने जब बंदूक उठाई होगी,
पहली गोली अपनी
रूह को मारी होगी।
पहला गला रेता होगा
अपनी इन्सानियत का,

तब जाकर बना होगा
वह आतंकवादी।

6. लड़की की मौत

एक लड़की मर गई
किसी बीमारी की वजह से नहीं
किसी ने उसे मारा नहीं
खुद ही मर गई ।

इसलिए नहीं मरी
कि उस पर अत्याचार हुए थे,
या उसने एक कठिन जीवन जिया था।

उसके पास ऐसा बहुत कुछ था
जिसके लिए अनेक महिलाएँ
आजीवन तरसती रहेंगी ।

लेकिन वह मरी
क्योंकि
वह काल्पनिक दुनिया में जीने लगी थी।

उस दुनिया में
उसके लाखों दोस्त थे,
जो उसके हुनर को सराहते थे।

वह और दोस्तों की भूखी थी,
उन्हीं काल्पनिक दोस्तों से
सच्ची वफ़ादारी चाहती थी।

वह चाहती थी
कि उसके दोस्त
वायरस की तरह फैल जाएँ,
कि उसके सपने हक़ीक़त से परे
उस आभासी दुनिया में
सच हो जाएँ।

और जब एक दिन
कल्पना की दुनिया
ढहने लगी
उसे बचाया नहीं जा सका।

उसका कोई अस्तित्व नहीं था।
उसकी वायरल महत्वाकांक्षा
एक बीमारी बन गई थी।

और उसके असल जीवन ने
उसके आभासी सपनों के आगे
दम तोड़ दिया।

एक लड़की मर गई - बेवजह।

7. "पेड़ पर अटकी पतंग"

उत्तरायण के दिन ,
मैंने एक पतंग चढ़ाई थी आसमान की ओर।
उसे जाना था ऊँचाइयों तक,
बादलों के पार –

या शायद किसी ऐसे दोस्त के पास
जिससे वह बातें कर सके ।

घुमड़-घुमड़ कर
घूमती नाचती
वह अटक गई
एक पेड़ पर।

उसे वहाँ नहीं रुकना था।
उसे तो उड़ना था -
उड़ने वाले सारे पक्षियों से ऊपर,
सारे विमानों से तेज़।

उसकी डोर कट गई
लेकिन वह गिरी नहीं जमीन पर ,

न उड़ सकी -
बस अटकी रही
एक पेड़ की टहनी में।

अब पाँच महीने हो गए हैं।
बारिश आएगी तो
शायद यह घुल जाएगी
समा जाएगी मिट्टी में
और रह जाएगी बस याद में।

मैं भी अटका हुआ हूँ
एक पेड़ की टहनी पर -
जहाँ मुझे नहीं रुकना था,
लेकिन अब अटक गया हूँ ।

शायद मैं भी
यूँ ही अटकते-लटकते
गुम हो जाऊँगा
बिना पहुँचे वहाँ
जहाँ जाना था।

8. नसीब की डोर

मेरे नसीब की डोर का सिरा
जहाँ जाकर ख़त्म होता था,
तुम उससे बस कुछ ही दूरी पर थीं।
और शायद
मैं भी तुम्हारे नसीब की डोर के सिरे से
बस कुछ ही क़दम दूर था।

कभी सोचता हूँ
काश मैं अपने नसीब को
थोड़ा और खींच सकता,
तो तुम मेरे पास होतीं।

शायद
दोनों डोरें आपस में जुड़ जातीं -
एक हो जातीं।

मगर फिर सोचता हूँ -
खींची हुई डोरें
क्या टिकती हैं वक़्त के भार तले?

जो ज़ोर से बाँधा जाता है,
वह कहीं ज़्यादा कमज़ोर तो नहीं होता?

जब ज़िंदगी
अपने सारे तनाव डालती
उन जुड़ी हुई डोरों पर,
तो क्या पता -
कौन सी डोर पहले टूट जाती।
और फिर
हम वैसे ही बिखर जाते - जैसे आज हैं।

पर उस वक़्त हमारे पास
एक दूसरे का टूटा हुआ सिरा होता।

अब, जब मैं सोचता हूँ
कि किस तन्हाई को चुनूं -
उस मिलन और बिछोह की तन्हाई
या इस ख़ामोश समझदारी की?

तो मैं चुनता हूँ - आज की तन्हाई,
जिसमें तुम
अपनी डोर के साथ मुस्कुराती हो,
और मैं तुम्हें मुस्कुराते हुए देखकर
थोड़ा सा सुकून पाता हूँ।

9. वक़्त का हिसाब

मैं कमाता हूँ,
और सोच-समझकर ख़र्च करता हूँ ।
किस चीज़ की ज़रूरत है,
किसकी नहीं।
हर खर्चे का हिसाब रखता हूँ ।

यह ज़रूरी था,
यह थोड़ा फ़िज़ूल था,
यह शायद किसी ख़ुशी के लिए था।

कुछ बचाता हूँ -
सिर्फ अपने लिए नहीं,
बल्कि - अपनों के लिए भी ।

ताकि
जब मैं न रहूँ,
तो वो आराम से रह सकें।

मगर फिर एक दिन
ख़याल आया कि
एक ख़र्च है जो मैं कर रहा हूँ,
जिसकी मैं कोई कमाई नहीं करता।
वक़्त।

वक़्त
जो हर रोज़ मेरी जेब से
बिना पूछे निकल जाता है।

वक़्त
जिसका कोई स्रोत नहीं दिखता
और कोई बैंक बैलेंस नहीं बनता।

मैं नहीं जानता
मेरे पास कितना बचा है
और कितना कर्ज़ में डूब चुका हूँ
इस अनदेखे घाटे में।

और फिर भी मैं इसे यूँ ही-
बेपरवाही से उड़ा देता हूँ,
जैसे ये कभी ख़त्म नहीं होगा।

10. "मोर और कुत्ते"

जहाँ मैं काम करता हूँ,
वहाँ कुछ मोर रहते हैं
रंग-बिरंगे, चुपचाप,
अपनी ही दुनिया में खोए हुए।

कुछ साही हैं - जमीन खोदकर घुसे हुए ,
कुछ नेवले - फुर्तीले,
कुछ साँप - अपनी नींद मे मत्त ,
कुछ बंदर - उधम मचाते,
और कुछ कुत्ते -
हर जगह की तरह वहाँ भी।

कुत्ते भूखे हैं, लोग उन्हें रोटी डालते हैं
हर सुबह-
सहानुभूति से, आदत से,
या बस यूँ ही।

कुत्ते रोटी खाते हैं, मज़बूत होते हैं।
मगर रोटी से इनकी भूख नहीं मिटती
इनकी भूख है कुछ और।

मौका पाते ही ,
वे झपटते हैं मोरों पर।
उनके पंख,
उनकी नज़ाकत,
उनकी उड़ान ,
सब नोच लेते हैं।
मांस फाड़ते हैं,
और निगल जाते हैं सुंदरता।

रोटी खाकर बलशाली बने ये कुत्ते,
अब रोटी से नहीं,
लहू से तृप्त होते हैं।

ये कहानी सिर्फ़ उस जगह की नहीं है
ये हर जगह की है।

हर गली, हर मोड़, हर दफ्तर, हर दरबार में
ये कुत्ते पल रहे हैं
रोटी पर नहीं, दया पर
जिसकी उन्हे जरूरत नहीं ।

ज़रूरी है
कि इनकी पहचान हो।
इनकी रोटी बंद हो।
इन्हें मोरों से दूर किया जाए।

वरना हर सुबह
एक पंख गिरा मिलेगा,
और हर शाम
एक हादसा।

11. प्रेम -पत्र

हर एक प्रेम पत्र नहीं पहुंच पाया होगा
प्रियतमा के हाथों में उसकी प्रतिक्रिया के लिए

कुछ प्रेम पत्र अधूरे रहे होंगे
लिखने वाले के मस्तिष्क में
स्पष्ट होने के बावजूद
कागजों पर नहीं उतरे होंगे

कुछ पन्ने लगे होंगे मां-बाप के हाथ
जिन्हें पढ़ कर वो चिल्लाए होंगे
डांट डपट की होगी लिखने वाले की
नहीं दिया होगा उसका साथ

छुपा कर रखे हुए दोस्तों ने चुराए होंगे
फिर पीठ पीछे इसे पढ़ा होगा
महफिलें जमा कर एक साथ
दिल के राज सरेआम बताए होंगे

कुछ फट गए होंगे जहां से मोड़ा गया था
सालों साल किताबों में दबकर

पहले हर रोज एक दफा निकलते थे
फिर उन्हें एकांत में छोड़ा गया था

शिक्षकों के हाथ भी आए थे कई
कुछ ने डांटा कुछ ने समझा
घर पर शिकायत की धमकियां दीं
उन्होंने पैंतरे आजमाए थे कई

कुछ फिर भी पहुंच गए थे
प्रेयसी के पास पर पढ़े नहीं गए ,
फेंक दिए गए ,जलाए गए
या माता-पिता शिक्षकों को बताए गए

यकीन मानिए ये सारे प्रेम पत्र
अगर एक साथ रखकर पढ़े जाएं
तो ये आवाज नदियों की कलकल से बेहतर
और चिड़ियों के गाने से मधुर होगी

12. हमारे अनुभव

हम जो सोचते हैं,
वही बन जाते हैं।
पर हमारी सोच और समझ का आकार क्या है?
हम जिस संसार में जी रहे हैं
असल में वो संसार क्या है?

क्या हम कुएँ के मेंढक हैं,
जिनके लिए कुआँ ही जीवन रेखा है?
या हमने झरने, तालाब, नदियों और सागरों को देखा है?

क्या हमारे कानों में
अलग-अलग आवाज़ें घुली हैं?
और अजनबी स्थानों पर
हमारी नींदें खुली हैं ?

क्या हमने एक ही जगह पर
सारा जीवन जिया है?
या हम दुनिया में निकले हैं
और घाट-घाट का पानी पिया है?

मिले हैं पर्वत और सागर
हमें केवल कहानियों में?
या बुलंदियों पर अपनी और अपनी रवानियों में !

स्वाद जीह्वा ने
ताउम्र एक ही चखा है ?
या मुंह में कभी मैसूर पाक
और बनारसी पान भी रखा है !

सडकें-गलियां, रेलों की पटरियां
जो हमें दुनिया दिखाती हैं,
हमें चुपचाप सबक जिंदगी का हर रोज सिखाती हैं

हम जो सोचते हैं वही बन जाते हैं ,
मगर हम क्या सोचते हैं ?

यह तय होता है,
इस बात से कि हमने दिन अपने कैसे गुजारे हैं
हम दूसरों की बात कहते हैं या अनुभव खुद हमारे हैं

13. खालीपन

बात तो कुछ भी नहीं थी,
बस यूँ ही मन किया,
कि कुछ कहूँ,
बिन वजह, बिन कारण, बस यूँ ही...

न कोई दर्द उभरा था,
न कोई खुशी समाई थी,
पर भीतर कोई रेशा
धीरे-धीरे काँप रहा था।

जैसे सन्नाटा कुछ कहना चाहता हो,
और हवा में कोई भूली बात
अधूरी-सी उड़ती हो,
जिसे पकड़ना जरूरी लगे।

मगर ये बात क्या है
मुझे याद तक नहीं
किसी आलीशान-वीरान
हवेली का एकाकीपन
जैसे मेरे भीतर समाया हो

ये खालीपन है
जो शोर से भी ज़्यादा बोलता है
मगर क्यों?
जब जवाब चाहिए
सवाल तक गुम हैं।

और फिर मैंने कुछ कहा नहीं
चुप ही रहा
शायद कोई सुनना भी न चाहता हो !

14. कभी-कभी

कभी-कभी जो करता हूँ मैं,
मन से, आत्मा से, अर्थपूर्ण,
वही सब बन जाता है
औरों की नज़रों में निरर्थक।

वे मस्त हैं,
जीवन के रंग में रंगे हुए,
और मैं -
किसी और पथ पर,
एकाकी, शांत, डूबा हुआ।

मैं शामिल नहीं हो पाता,
उनके उन्माद में
वे कहते हैं -
"तुम अलग क्यों हो?
क्यों नहीं चलते हमारे संग?"

सोचता हूँ-
क्या वे कभी समझेंगे
मेरी इस चुप्पी की आवाज़?

क्या वे समझ पाएंगे
कुछ भी गढ़ पाना
कितना कठिन है?

क्या उन तक पहुंचेगा ?
इन रचनाओं का सार
महसूस होगी उन्हे ?
रचनाकार के मन की बेचैनी !

या मैं ही उलझा रह जाऊँगा
बेमानी सवालों में...
बेमतलब बातों में...
कौन जाने?

15. पेड़ मत लगाओ

पेड़ मत लगाओ,
ज़मीन को दिखावे की हरियाली मत दो,
धरती को ज़रूरत नहीं है
तुम्हारे सहारे की।

जंगल कभी लगाए नहीं गए थे,
वे तो धरती पर थे - बहुत पहले से,
इंसान के जन्म से पहले,
उसके "हरित अभियानों" से पहले,
सभ्यता की पहली ईंट से भी पहले।

जंगल उगते थे स्वतः,
खाली मैदानों में,
नदियों के किनारे,
पहाड़ों की पीठ पर,
घाटियों की गोद में।
तुमने देखा है क्या
कभी किसी आदिवासी को बीज बोते हुए?
नहीं देखा होगा
क्योंकि उन्होंने कभी जंगल काटे ही नहीं।

पेड़ लगाना एक अभिनय है,
एक प्रायश्चित - दूषित आत्मा का,
एक पर्दा - इंसानी पापों पर,
एक तरीका - प्रकृति से किए अन्याय को
सभ्यता के भाषणों में छुपाने का।

ज़रूरत पेड़ लगाने की नहीं,
ज़रूरत है जंगलों को न काटने की।
अगर तुम प्रकृति को वैसा ही छोड़ दो
जैसी वह है,
तो वह लौट आएगी।
वो बीज जो उड़ते हैं हवा में,
जैसे भूले-बिसरे गीत,
वे फिर से गूंजेंगे मिट्टी में
अगर तुम रोक सको कुल्हाड़ी की चीख।

लेकिन क्या तुम रोक सकोगे?
तुम्हारी प्रगति की प्यास,
जिसे तुम विकास कहते हो -
क्या वह कभी बुझेगी?
या फिर तुम काटते रहोगे लाखों पेड़,
और लगाते रहोगे कुछ सौ,
फिर किसी कैमरे के सामने
मुस्कराकर कहोगे - “वन है जीवन”।

नहीं
पेड़ मत लगाओ।
बस जंगल मत काटो।
प्रकृति को अभिनय नहीं,
सम्मान चाहिए।

16. मुंबई और समुद्र

मुंबई -
समुद्र की गोद में झूलता हुआ एक सपना है,
जहाँ गगन को छूती हैं ईमारतें,
और ज़मीन पर चलते हैं असंख्य पाँव,
हर पाँव में बसी होती है एक उम्मीद।

यहाँ
अथाह पैसा है,
तेज़ भागती गाड़ियाँ,
फिल्मों का जादू,
बाज़ारों की भीड़,
और रात भर जागती रौशनी।

लेकिन...
क्या होगा अगर कल -
सिक्कों की खनक चुप हो जाए,
कारखाने ज़ंग खा जाएँ,
बाज़ारों में ताले लग जाएँ,
और सिनेमा हॉल की सीटें धूल से भर जाएँ?

तब भी,
मुंबई के पास रहेगा - समुद्र।

जो हर शाम सुनता है टूटे दिलों की सिसकी,
जिसे महसूस होती है मेहनतकश की पहली सांस,
जो दूर करता है शहर की सारी थकान,
और बहता है -
बिना शिकायत, बिना विराम।

समुद्र -
जो जानता है कि दौलत, शोहरत, चकाचौंध
सब अस्थायी है,
पर लहरों की धड़कनें
इस शहर के साथ जन्म से जुड़ी हुई हैं।

17. कत्ल

कत्ल वही नहीं करते
जो दरिंदे होते हैं,
या जो किसी से बदला लेना चाहते हैं,

या ठंडे मन से,
सोच समझकर
किसी की साँसें रोक देना चाहते हैं।

कभी-कभी कत्ल
ग़ुस्से में होते हैं,
और लड़ाई के मैदान में
सीमाओं की रक्षा करते हुए।

कुछ कत्ल
व्यवस्था करती है
इन्साफ़ के नाम पर,
सज़ा देने की रीति में।

और कुछ कत्ल
मरने वाला खुद करता है

अपनी ज़िंदगी लेकर,
अपने भीतर के अंधेरे से हारकर।

ये सारे कत्ल
ठंडे दिमाग से किए गए
नृशंस हत्याओं जैसे नहीं लगते,

लेकिन ये भी
ज़िंदगी ले लेते हैं
इसलिए डरावने हैं बहुत डरावने।

18. यह विकास

जब
नदियों की धारा
सूखकर स्मृतियों से भी लुप्त हो जाएगी,
और हवा
साँस लेने से पहले
घुटन बन जाएगी

जब
हरियाली किताबों में
चित्रों-सी रह जाएगी,
और बारिश
केवल किसी
पुरानी कविता की पंक्ति में मिलेगी

जब
धरती का सीना
खुरच खुरचकर
हमने उसका सार तत्व ही खो दिया होगा,

और
खदानों की गर्त से
खनिज नहीं
सिर्फ़ धुआँ निकलेगा

तब
हम बैठेंगे
इमारतों की छाया में
जिसमें कोई छाँव नहीं आग होगी,

देखते हुए
विकृत सूरज को
जो ताप देगा ,पर उजाला नहीं।

और
अफ़सोस करेंगे
“काश हमने थोड़ा रुककर सोचा होता",
और बाँट लिया होता यह विकास
धरती के साथ,
आने वाली पीढ़ियों के साथ

और
यह अफ़सोस
ईंधन की तरह जलाकर
हमारी आत्मा को राख कर देगा

19. आसमान जैसे लोग

कुछ लोग
आसमान की तरह होते हैं।
ऐसा लगता है
दिन के वक़्त उन्होंने ही
सूरज को टाँग रखा है
फैलाया है चारों तरफ़ उजाला।

और चाँदनी रातें भी
उन्हीं की माया जान पड़ती हैं।
जैसे चाँद को उन्होंने ही
जगह दी हो चमकने की।
तारे - असंख्य तारे,
उनकी कृपा से टिमटिमा रहे हों।

पर सच यह है -
न सूरज, न चाँद, न तारे
किसी में भी आसमान का
कोई सीधा हाथ नहीं।

आसमान तो बस
एक रिक्त स्थान है -
शून्य
जिसमें कुछ भी हो सकता है,
और कुछ नहीं भी।

फिर भी लोग
उसे ही कर्ता मानते हैं,
आश्चर्य की बात है।
शून्य को सम्पूर्ण समझ लेना,
कभी-कभी हमारी सबसे
गंभीर भूल होती है।

कभी किसी संस्था में,
किसी ऊँचे आसन पर बैठे व्यक्ति को देखो -
हर उपलब्धि, हर रौशनी
उसके खाते में जाती है।
मानो उसी ने विचारों के सूरज को जन्म दिया हो,
और सफलता के तारों को
अपने हाथों टाँग दिया हो।

पर पूछो कभी
क्या उसने सच में रचा है कुछ?
या बस मौजूद रहा है,
एक रिक्त स्थान की तरह,
जहाँ दूसरों की रचनाएँ आकर चमकती हैं?

आसमान होना आसान है -
बस चुप रहो, विशाल दिखो,
और प्रतीक्षा करो कि कोई
तुममें चमक उठे।

पर सूरज होना कठिन है -
जलना पड़ता है,
हर रोज़, हर पल
खुद को खर्च करते हुए।

और तारा बनना तो
और भी कठिन -
दूरी में रहकर भी
प्रकाश भेजते रहना।

मुझे अब उन 'आसमानों' से
डर नहीं लगता ,
मैं जान गया हूँ,
वे केवल पृष्ठभूमि हैं।

असल चमक
सूरज में है,
और उन अनगिनत टिमटिमाते
तारों में
जो ख़ुद को मिटाते हैं
दूसरों के अंधेरे मिटाने के लिए।

20. जब पेड़ चले थे

कहते हैं,
बहुत पहले की बात है,
जब हवा वृक्षों की गहरी साँस थी,
और वक़्त, नर्म दूब पर लेटा हुआ
अलसाया पेड़ों से बातें करता था।

तब पेड़
हाँ, वही अडिग खड़े रहने वाले पेड़,
जो चुपचाप
आकाश से अपने पत्तों में नमी चुराते थे,
और धरती की चुप्पी में जड़ें फैलाते थे।

एक दिन,
शायद थक गए होंगे।
या फिर ऊब गए होंगे
हर मौसम को आते-जाते, देखते-देखते।
उन्होंने पत्तियों की भाषा में खड़खड़ाते हुए
एक दूसरे से कहा होगा -
“अब बस, और नहीं!”

और फिर
धीरे-धीरे उनकी टहनियाँ झुकने लगीं होंगी
जैसे प्रार्थना में या विद्रोह में।

जड़ें अपनी ही मिट्टी से
विदा माँगने लगीं
और फिर
कुछ ऐसा हुआ, जो आज भी
किसी वैज्ञानिक किताब में दर्ज नहीं।

पेड़ चले।
सचमुच चले।
पहले लड़खड़ाए,
फिर रेंगते गए,
शाखाएँ पंजों में बदलीं,
तने रीढ़ की हड्डी बन गए।

वो पहले चौपाये बने,
भेड़, हिरन, शेर, और भालू,
जंगल की चुप्पियों में
अपने ही पुराने साए से भागते।

कई युग बीते।
फिर एक दिन,
कुछ चौपायों ने ऊपर देखा -
उस आकाश को जिसे कभी
अपने सिरों से छुआ था।

और फिर...
धीरे-धीरे, काँपते हुए
वो दो पैरों पर खड़े हुए।

पत्तियाँ अब बाल बन चुकी थीं,
छाल अब त्वचा हो गई थी,
और लकड़ी का हृदय
अब धड़कना सीख चुका था।

वो मनुष्य बने।
हाँ, मनुष्य चलायमान
और चैतन्य
जिसका इस जड़
प्रकृति से एक नाता है।

"शायद हम वही पेड़ हैं
जो चल पड़े थे कभी..."

21. इमारत

बहुमंज़िला इमारत की
दसवीं मंज़िल पर
मैंने एक फ़्लैट ख़रीदा है -
कि मेरा बच्चा
आराम से रह सके,
मज़े में खेल सके,
ज़िंदगी जी सके
और चैन से सो सके।

हर दीवार पर रंग है,
हर कोने में सुरक्षा,
खिड़की से दिखता है शहर,
और बाहर
एक झूला भी लगा होगा उसके लिए ।

इस इमारत को
खड़ा करने में लगे हैं कई लोग -
कई मर्द, कई औरतें,
जो सुबह से साँझ तक
ईंट, गारा उठाते हैं।

पसीने से लथपथ
और धूल में सने ।

और उनके साथ
आते हैं उनके बच्चे -
न नर्सरी, न प्ले-स्कूल,
उनकी पाठशाला
हेलमेट के साए में
और पाठ्यक्रम -
बालू में मिलता सिमेंट।

वे बच्चे
खेलते हैं बग़ल में ही,
इन्हें जब मेरा बच्चा
खिड़की से देखेगा नीचे कभी -
सोचेगा:
"ये कौन हैं? क्यों हैं ऐसे?"
और शायद मैं जवाब न दे सकूँ।

कभी-कभी
वे बच्चे कंक्रीट पर ही
चादर बिछाकर
बेसुध सो जाते हैं -
न गद्दा, न लोरी,
सिर्फ़ थकान और नींद का सहारा।

उनकी माँएं ईंटें उठाते-उठाते
अपने बच्चों पर नज़र रखती हैं,
जैसे हर पल
ज़िंदगी की रस्सी पर
संतुलन बनाकर चल रही हों।

मैं सोचता हूँ -
क्या मेरा फ़्लैट
किसी की नींद की क़ीमत पर बना है?
क्या इन दीवारों में
किसी माँ की अधूरी लोरी दबी है?

एक ही इमारत -
किसी के लिए सपनों का महल,
किसी के लिए धूप में तपता कार्यस्थल ।

और मैं,
इस इमारत में
अपने बच्चे को जीना सिखाऊँगा -
शायद यह बताए बिना कि
किसी और का बचपन
इसके नीचे दबा है।

22. मैं नहीं मानता

कोई किसी को भगवान कहेगा,
मैं कहूंगा - मैं नहीं मानता।
कोई किसी को शैतान कहेगा,
मैं कहूंगा - मैं नहीं मानता।

मैं लोगों को
स्वयं जाँचकर,
ख़ुद ही उनको समझूँगा।
हर घटना की तह में जाकर,
ख़ुद अपनी राय बनाऊँगा।

अपने चालाकी से
मुझको बातों में उलझाने वाला
अपना झंडा हाथ में देकर
खुद को बुद्धिमान कहेगा,
मैं कहूंगा - मैं नहीं मानता।

अपने विवेक के सत्यापन को
किसी और की मोहर नहीं चाहता।

मेरी दृष्टि मेरी है
किसी और की आँखों से नहीं देखतीं।
मेरे प्रश्नों के उत्तर
किसी और से मेल न खाएँगे।

मैं पूछूँगा ,प्रश्न करूँगा
हर उत्तर चुपचाप सुनूंगा
और उत्तर देने वाले से
जितना संभव तर्क करूँगा।
कोई लीक पर चलते जाने को
सरल और आसान रहेगा

मैं कहूंगा- मैं नहीं मानता

मैं भीड़ नहीं, हूँ एक व्यक्ति हूँ।
जब तक सोचने का साहस है,
भीड़ जब उल्टी बात करेगी
मैं सच तब भी दुहराऊंगा।

वो कहेंगे राजा के कपड़े सुंदर हैं
मैं कहूंगा- मैं नहीं मानता।

23. एकता की असली परिभाषा

लोग कहते हैं -
हमें एक होना चाहिए,
मज़हब, भाषा, रंग और जाति से ऊपर उठकर
इंसानियत से जुड़ना चाहिए।

पर वही लोग
किसी की ज़ुबान फिसलते ही
किसी की आदतें, किसी की सोच
या वाणी की थोड़ी सी चूक पर
राई का पहाड़ बना देते हैं।

क्या यही है एकता?

एकता तो तब होती है -
जब हम किसी को
उनकी तमाम अच्छाइयों
और चंद गलतियों के साथ
स्वीकार करना सीख जाएँ।

जब हम यह समझ जाएँ कि

इंसान पूर्ण नहीं होता,
हर दिल में कुछ धूप होती है,
हर मन में कुछ छाँव।

एकता की पहली शर्त है -
स्वीकार करना।
जैसे माँ करती है अपने बच्चों को,
जैसे धरती करती है हर मौसम को,
जैसे सागर अपनाता है हर नदी को।

24. टूटी सड़क के साथ

हमारे गाँव में
टूटी हुई एक सड़क थी
जिस पर गाड़ियों से ज़्यादा
टमटम चला करती।

एक घोड़ा जुता होता था
जो बिलकुल हमारे घर के सामने रहता था,
हम जुड़े थे उस सड़क से ,
उस घोड़े के माध्यम से।

जब टमटम हिचकोले खाती
चलती थी लहलहाते खेतों के पास से,
टूटी हुई सड़क पर
तब उसमें रॉकिंग हॉर्स जैसा आनंद था।

कुल दो किलोमीटर का सफ़र
आधा घंटे का होता था
या ज़्यादा,
क्योंकि उस टूटी सड़क पर
घोड़ा सरपट नहीं दौड़ता था।

टमटम पर
हमेशा ज़्यादा लोग बैठते थे,
लेकिन गाड़ी वाला
इस बात को मानता नहीं था।

एक बार घोड़े ने पटक दिया था हमें -
शायद यह बताने के लिए
कि आदमी ज़्यादा लदे हैं।

हम खेतों में गिर पड़े थे,
बस थोड़ी चोटें आयी थीं
जो जल्द ठीक हो गई थीं।

हम फिर भी
टमटम की सवारी करते थे
उस टूटी सड़क पर।
गाड़ियाँ नहीं दौड़ती थीं वहाँ।

कई सालों बाद
अब गाँव में गाड़ियाँ हैं
बहुत से मकान बन गए हैं।

टूटी सड़क नहीं है,
टमटम नहीं है,
लहलहाते खेत नहीं हैं -
शायद सब लुप्त हो गए
उस जर्जर,
टूटी सड़क के साथ।

25. अजनबी चेहरा

एक दिन, एक पल को,
जाने किस घड़ी
मेरे बेटे की नज़र
मुझ पर पड़ी।

मैं नहीं था ख़ुद -
मेरी तस्वीर थी,
आज-कल को जोड़ती ज़ंजीर थी।

वो देखता रहा,
अकेला जूझता,
अनजान-सी कोई पहेली बूझता।

मैं तभी आ गया था
ऑफ़िस से घर,
चुप रहा, न कुछ कहा मैंने मगर।

वो थोड़ी देर
देखता है,
और समझ जाता है।

"पापा, ये आप तो नहीं हो..."
"ये आदमी तो मुस्कुराता है!"

26. थोड़ा-थोड़ा बुद्ध बनना

बुद्ध -
जिसके भीतर हो क्षमा की मशाल,
जो देखे घाव पर दया से,
जिसका हृदय गंगा सा विशाल।

हर व्यक्ति
तोलता है सही-गलत,
छोड़ता नहीं मौका,
दंड देने का
छोटी-छोटी भूलों पर भी ।

पर बुद्ध...
उन्होंने अंगुलिमाल को देखा
न केवल उसके अपराध को,

उसके भीतर छिपी पीड़ा को भी समझा।
जिससे दुनिया डरती थी, जिसे लोग राक्षस कहते थे ,
उससे बुद्ध ने घृणा नहीं की,उस पर करुणा की ,ज्ञान का दीप जलाया
-

और लुटेरा संत बन गया।

अजातशत्रु -
जिससे उसकी मां ने भी मुँह मोड़ लिया,
इतिहास ने जिसे पितृहंता कहा, उसे भी बुद्ध ने नहीं ठुकराया,

कहा -
"मैं जीवित हूँ
क्योंकि इसका उद्धार अभी बाकी है।"

बुद्ध ने सिखाया -घृणा से नहीं, क्षमा से दुनिया बदलती है।

आज की दुनिया में
घृणा के इस दौर में हम क्षमा की बात करें,

करुणा का दीप जलाएँ
अगर पूरे न हो सके थोड़े थोड़े बुद्ध होते जाएँ।

27. माँ की ज़िंदगी

बंदोबस्त घर के
तमाम करते हुए,

मेरे सपनों के लिए
अपनी नींदें
हराम करते हुए।

लोग कहते थे -
"बड़ी फ़ारिग है!"
मैंने देखा है माँ को
चुपचाप काम करते हुए।

मैं तो कुछ देर में
ऊब जाता हूँ,
शायद आप भी ऊब जाते होंगे।

पर इतने वर्षों में
वो कभी नहीं ऊबी-
एक ही सुबह को
हर रोज़ शाम करते हुए।

28. भीतर का शत्रु

हमें डरना चाहिए बुरे मनुष्यों से,
जो छल करें, झूठ बोलें, दूसरों का अपमान करें।
पर उससे भी अधिक डरना चाहिए उस चेहरे से,
जो आईने में हर सुबह हमें दिखता है।

हम अक्सर सोचते हैं हम भले हैं, सच्चे हैं,
हमारे भीतर कोई कलुष नहीं, कोई छल नहीं।
लेकिन सच ऐसा होता नहीं।
हमारे अंदर भी अंधेरे के बीज हैं,
जो अवसर पाकर पनप जाते हैं
क्रोध बनकर, घृणा बनकर, लोभ बनकर।

पूर्णतः कोई सफ़ेद नहीं होता -
यहाँ तक कि पूर्णिमा का चाँद भी
अपने बदन पर समेटे हुए है कई काले धब्बे।

मगर इससे असहज क्यों हों?
हम दुनिया के पहले मानव नहीं हैं
जो ख़ुद को नियंत्रित कर
सही मार्ग पर चलने वाले हैं।

मनुष्य वही है जो उस भीतर उठते अंधकार को
पहचान लेता है ,
जो क्रोध को बाँध लेता है
चुप्पी की डोर से,
जो लोभ को रोक लेता है संतोष की देहलीज़ पर।

सच्चा मनुष्य वह नहीं
जो बुरा कभी सोचता ही नहीं,
बल्कि वह है जो बुरा सोचकर भी
उसे कर्म में बदलने से रोक लेता है।

हमें सावधान रहना चाहिए,
दुनिया की आँखों से भी,
पर उससे ज़्यादा -
अपनी आत्मा की नज़रों से।

यही युद्ध सबसे कठिन है -
भीतर के शत्रु से लड़ा गया मौन युद्ध।
जहाँ विजय ढोल नहीं बजाती,
बस आत्मा की नज़रों में नज़र मिला पाती है।

29. नीम का दातून

टूथब्रश के गाँव आने से पहले
सैकड़ों सालों तक
इस्तेमाल किए जाते रहे हैं दातून।

अलग-अलग पेड़ों की
डालियों से तोड़े हुए - बबूल, मिसवाक,
यहाँ तक कि आम-अमरूद के पेड़ों के भी।

पिताजी मगर लाते थे नीम का दातून।
बचपन में कड़वा लगता था।

चाहता था
आम या अमरूद के दातून ही
इस्तेमाल करूँ - जो कड़वे नहीं होते थे,
जिनको चबाने पर
रस मिलता था।

और अब,
बड़े होने पर एहसास होता है -

नीम का दातून बेहतर था।
उससे दाँत अच्छे साफ़ होते हैं,
साँस भी तरो-ताज़ा रहती है।

ज़िंदगी में कई अच्छी चीज़ों
जैसे कड़वी दवा
और कड़वे अनुशासन की तरह था
नीम का दातून।

30. एक से हैं - मेरे पिता और मैं

बिलकुल एक से हैं - मेरे पिता और मैं।
हम चीज़ें रखकर भूल जाते हैं।
जब ज़रूरत होती है,
तो चीज़ें मिलती ही नहीं।

घंटों बीत जाते हैं - अलमारियाँ उथल-पुथल करते,
फाइलों को टटोलते,पतलून की जेबें खंगालते।

कभी चाभियाँ,
कभी मोबाइल,
कभी बटुआ,
कभी कोई ज़रूरी दस्तावेज़।

हम दोनों की यह खोज कभी पूरी नहीं होती।
शायद इसलिए,
कि हम चीज़ों को
कभी उनकी सही जगह पर रख ही नहीं पाते।

अक्सर लगता है -
जो चीज़ें हमें नहीं मिल रहीं,
हमने सही जगह पर रखी थीं,
पर किसी ने उन्हें वहाँ से हटा दिया है।

बस फर्क इतना है -
उन्हें लगता है,
यह उथल- पुथल मेरी माँ करती हैं ।
और मुझे लगता है - मेरी पत्नी ।

31. बड़े इंसान

बड़े इंसान
इतने बड़े हो जाते हैं
कि उनकी जड़ें
खो जाती हैं।

न गाँव की पगडंडियाँ याद रहती हैं,
न शहर की वे गलियाँ
जहाँ कभी सपनों ने दौड़ लगाई थी।

वो खड़े होते हैं
गगनचुंबी इमारतों की
सबसे ऊँची मंज़िल पर-
जहाँ से नींव
नज़र नहीं आती।

वो बरगद नहीं होते -
जो जितना ऊँचा जाता है,
उतना ही फैलाता है शाखाएँ
अपनी जड़ों तक पहुँचने के लिए।

बरगद
जुड़ा रहता है अपनी मिट्टी से,
इसलिए जीता है सदियों तक।

पर बड़े इंसान-
कुछ और ही तरह से बड़े होते हैं।
शायद
जड़ों से कटकर
ऊँचाई मापते हैं-
मगर गहराई खो देते हैं।

32. अब मेले में मज़ा नहीं आता

दशहरे के मेले में
अब मज़ा नहीं आता,
पहले आता था,
जब दादा के साथ जाया करते थे,
उनकी धीमी चाल,
लाठी की ठक-ठक,
और हम - मैं और बहन -
उनके कुर्ते के कोने थामे
मेले की भीड़ में
सावधान चलते थे।

उनकी बगली में उस दिन
केवल उसी दिन ,
कुछ रुपये होते थे,
जिनसे करनी होती थी
मेले की तमाम ख़रीदारी।

वहीं एक अखाड़ा था
जहाँ कुश्ती होती थी,
दादा की आँखों में चमक थी,

वह पहलवान जो थे जवानी में
पर हमने उन्हें बूढ़ा ही देखा था ।

धूल में लथपथ वो पहलवान
हमें वीरता के किस्से लगते थे।

फिर देखते थे देवी माँ की मूर्ति,
पीले-नारंगी प्रकाश में
झिलमिलाता एक तेज़,
और लौटते वक़्त
हाथों में एक-एक गुब्बारा,
जेब में समोसे की गरम यादें।

अब मेले में सब कुछ है ,
बड़ी मूर्तियाँ, तेज़ लाइटें,
कढ़ी-चाट, गुलाबजामुन,
लेकिन कुछ ग़ायब है -
शायद वो लाठी की ठक-ठक,
या किसी बूढ़े हाथ की गर्मी,
या वो बचपन जो
अब सिर्फ यादों में रहता है।

33. हम यूँ ही नहीं भटकते

हम यूँ ही कहीं नहीं भटकते,
हम भटकते हैं -
क्योंकि हम किसी ऐसी राह पर जाना चाहते हैं
जिस पर हम कभी नहीं गए।

कभी-कभी,
मंज़िल तक पहुँचने की
कोई छोटी, आसान राह ढूँढ़ते हुए
हम खो जाते हैं।

या फिर -
हम इसलिए भटक जाते हैं
क्योंकि हम ऐसे मुक़ाम पर पहुँच चुके होते हैं
जहाँ से आगे
कोई क़दमों के निशाँ नहीं दिखाई देते।

हम इसलिए भी भटकते हैं -
क्योंकि हम रुकना नहीं चाहते।
हम चलते रहना चाहते हैं,
भले ही रास्ते का सही पता न हो।

और कभी-कभी
हम भटक जाते हैं
क्योंकि हम भटकना ही चाहते हैं।
भटकना ही हमारा चुनाव होता है
एक ही रास्ते पर चलते-चलते
जब मन ऊबने लगता है,
तो हम जानबूझकर
एक नया मोड़ ले लेते हैं,
शायद खो जाने के लिए,
या शायद ,
खुद को फिर से पा लेने के लिए।

34. क़लम

एक बार गाँव से शहर आते समय
दादाजी ने पाँच रुपये दिए थे।

उनके पास वैसे भी पैसे नहीं होते थे,
और जब होते भी थे
तो देते नहीं थे।
पर उस दिन-
क्या सोचकर उन्होंने पाँच रुपये दिए,
ये आज तक नहीं जानता।

उन दिनों पाँच रुपये बहुत होते थे।

एक रुपये में चार गोलगप्पे
मिल जाते थे।
ऑरेंज वाली लोकल आइसक्रीम
चार आने में आती थी -
जो गर्मियों की दोपहर में
राहत भरी ठंडक की तरह मिलती थी।

एक रुपये का गुब्बारा,
पॉपिंस कैंडी का पूरा बंडल,
और न जाने क्या-क्या
आ जाता था।

उन रुपयों से मैंने
एक रेनॉल्ड्स की क़लम खरीदी थी ।

मेरी लिखावट बहुत खराब थी।
मुझे लगता था कि
अगर क़लम अच्छी हो
तो शायद लिखावट भी सुधर जाए।

मैंने पूरे पाँच रुपये
एक क़लम में झोंक दिए।

उससे मेरी लिखावट सुधरी या नहीं,
ये तो नहीं कह सकता,
पर उससे लिखना
एक ख़ुशी थी

मुझे लगता था,
अब मैं अच्छा लिख रहा हूँ।

पाँच रुपये,
मुझे आज भी याद हैं-
जैसे वो सिर्फ़ एक सिक्का नहीं,

एक विश्वास था
जो किसी ने चुपचाप
मेरे हाथ में रख दिया था।

मुझे नहीं पता
उस क़लम ने मुझे
अच्छा लिखना सिखाया या नहीं-
पर उसने ये ज़रूर सिखाया
कि कोई जब बिना कहे
आप पर भरोसा करता है,
तो आप खुद पर
थोड़ा और यक़ीन करने लगते हैं।

35. क्या नहीं होना चाहिए?

हम ज़िंदगी में अधिकांश चीज़ें
इस तरह से सीखते हैं-
जैसे उन्हें नहीं होना चाहिए।

मैं जिस विद्यालय में जाता था,
उसकी छत एस्बेस्टस की थी,
गर्मी के दिनों में वह भट्टी बन जाती थी।
मूत्रालय से बदबू आती थी,
उसमें जाने से बेहतर
खुले में पेशाब करना होता था
इच्छा से नहीं मजबूरी से।

और पाठ याद न होने पर
मास्टर जी की छड़ी चलती थी।

घर के आसपास
खेलने के मैदान नहीं थे।
अनुशासन, आदेश पालन,
और भय हमारे जीवन के स्थायी भाव थे।

कोई कल्पना,
कोई चेतना ,
हमारे भीतर पनपने नहीं दी गई।

हमें गढ़ा गया
एक आदर्श 'पन्ने' की तरह,
जिस पर कुछ भी
लीक से हटकर न लिखा जा सके।

आज मानदंड उलट गए हैं।
अब कल्पनाशीलता
और स्वतंत्रता को
गुण माना जाता है।

कभी-कभी सोचता हूँ-
क्या करना चाहिए?
शायद हमारी पीढ़ी ने
यह भी सीखा है।

वह जीवन जीकर
जो नहीं जिया जाना चाहिए था।

36. फेसबुक की हक़ीक़त

आज जरूर बैठना
सोचना इस सवाल पर
क्या तुम वैसे ही हो!
जैसे दिखते हो फेसबुक की वॉल पर।

तुम जो हर तस्वीर में
खिलखिला कर मुस्कुराते हो
बेसिकन यह चेहरा होता भी है
या मुखौटा लगाते हो

तुम्हारी तस्वीरें हैं जिनमें
दुनिया का हर एक कोना दिखाई पड़ता है!
क्या बता देंगी मां-बाप से,
मिलने का प्लान कितनी बार बिगड़ता है ?

तुम्हारे फ्रेंडशिप वाले पोस्ट ,
हर एक साल बदलते हैं ।
दोस्तों की तस्वीर वही पुरानी ,
फिर से लगा देते हो निकालकर ।

क्या तुम वैसे ही हो !
जैसे दिखते हो फेसबुक की वॉल पर ।

आजकल फिक्र बहुत करते हो,
और कुछ करते नहीं ।
अब समझदार से हो गए हो ,
लोगों से बेवजह झगड़ते नहीं।

तुम्हारी राय है ,हर बात पर
क्रिकेट, पॉलिटिक्स, समाज और पढ़ाई ।
मुझे लगता है ,तुम रोक लोगे
यूक्रेन और रूस की लड़ाई ।

पैसे कैसे कमाए जाएं
अक्सर शेयर करते हो ।
रिश्ते कैसे बचाते हैं?
मगर चुप हो इस सवाल पर ।

क्या तुम वैसे ही हो !
जैसे दिखते हो फेसबुक की वॉल पर ।

मैं पता नहीं क्यों?
देखता हूं तुमको निराशा सा ,
वह पिंजरा था मेरे भाई
जिसे तुम समझ रहे थे आकाश सा ,

बातें मुझे मेरी भी
फेसबुक वाली फेक लगती हैं ।
हम दोनों की हालत
अगर देखी जाए, तो एक लगती है।

मिल बैठते हैं दोनों दोस्त
एक दिन समय निकालकर ।
रोया जाए इकट्ठा,
कभी अपने-अपने हाल पर ।

तुम और मैं
यकीनन वैसे नहीं
जैसे दिखते हैं हम फेसबुक की वॉल पर ।

आज जरूर बैठना सोचना इस सवाल पर,
क्या तुम वैसे ही हो !
जैसे दिखते हो फेसबुक की वॉल पर ।

37. सफलता क्या है?

सफल होना क्या है?
एक अफ़सर बन जाना?
नेता की कुर्सी पर बैठ पाना?
या फिर पर्दे पर चमकते चेहरे की तरह
हज़ारों की तालियों में खो जाना?

सफल होना क्या है?
ऊँचे मकान?
लंबी गाड़ियाँ?
या फिर वो हैसियत ,
जिसके सामने आसमान झुक जाए,
या वक़्त रुक जाए?

मुझे याद है,
मैं जब बच्चा था,
तो कहानियाँ पढ़ता था।
राजाओं की, रणभूमि की,
खिलाड़ियों की, आम लोगों की,
और उस चश्मे वाले लड़के की भी

जो एक दिन
अपनी माँ की ममता से वंचित,
एक ख़ूँख़ार जादूगर से भिड़ने चला था।

मैं वो कहानियाँ ढूँढता था
लाइब्रेरी के कोनों में,
या किसी दोस्त की मेहरबानी में ।

उस दिन का इंतज़ार था मुझे
जब किताबें उधार नहीं होंगी,
मेरी होंगी
मेरे हिस्से की, मेरे सपनों जैसी।

अब एक बक्सा है,
छोटा-सा, मगर बड़ा अनमोल।
जिसमें मेरी दुनिया बसती है।

कुछ किताबें हैं,
कुछ कहानियाँ और कविताएँ,
कुछ ई-बुक्स भी हैं
मेरे मोबाइल में
जिनमें मैं खो जाता हूँ
जब दुनिया बहुत शोर मचाती है।

अब मैं लिखता हूँ।

मैं नेता नहीं बन सकता था,
न अभिनेता, न खिलाड़ी।
हाँ, शायद मैं अफ़सर बन सकता था,

मगर अब जो हूँ,
जो बन गया हूँ,
उसी में बसती है मेरी सफलता।

38. "क्या वाक़ई सब कुछ ठीक हो जाता है?"

गर्मी की छुट्टियों में
जब स्कूल भी बंद होते थे,
हम अपनी झोपड़ी में
खाना खाने के बाद
बदन से टपकते पसीने को सुखाने में लगे होते।

हाथ वाला पंखा झलते,
अपने भाग्य को कोसते थे।

और तब
पसीने से तर-बतर
घर के किसी कोने में
राशन सहेजती माँ
अक्सर दोहराती थी -
"एक दिन सब ठीक हो जाएगा..."

अब,
गर्मियों से निपटने को
घर में कुछ पंखे हैं,
एक ए.सी. भी है।

गर्मियाँ आती तो हैं,
मगर बस दरवाज़े पर खड़ी रह जाती हैं।

कई मशक़्क़त भरे सालों के बाद
यह परिवर्तन आया है ।
फिर भी,
मैं पूछता हूँ अपने आप से -

क्या सब कुछ ठीक हो गया?

क्या
मेरी बूढ़ी माँ अब भी
मेरे साथ है?

क्या
मैं दोपहर को
पेड़ों की छाँव में
अब भी
अपने दोस्तों के साथ
खेल सकता हूँ?

या
मैं अब
एक थका-हारा,
झुँझलाया इंसान
भर नहीं रह गया?

क्या वाक़ई...
सब कुछ ठीक हो जाता है?

39. क्रिकेट का खेल

एक बैट मेरी थी
तीन विकेट थे तेरे
देर तक सोने वाले कुछ लड़के
क्रिकेट खेलने जाते थे सवेरे

चंदा उगाही से
बॉल खरीदी जाती थी
जो कितनी ही दफा
हर रोज नाले में नहाती थी

एक पिच थी
जिसके थे दावेदार कई
लूटना पड़ता था जिसे
किस्से उसके हैं मजेदार कई

कोई ट्रॉफी तो नहीं
मगर कहानियां बहुत बटोरी थीं
घर देर पहुंचने से हुई पिटाई ने
बदन पर निशानियां बहुत छोड़ी थीं

दो रुपए जीते
तो चार हार आते थे
पचास पैसे का हिस्सा देने में
सबको बुखार आते थे

क्या कैनवास था मैदान का
क्या बचपन की पेंटिंग
जब मैं तेंदुलकर था
और तू रिकी पोंटिंग

एक बैट मेरी थी
तीन विकेट थे तेरे
देर तक सोने वाले कुछ लड़के
क्रिकेट खेलने जाते थे सवेरे

40. माँ जैसा!

पिताजी शिक्षक थे
माँ सिर्फ़ गृहणी
हमें पिताजी का काम
उनका व्यक्तित्व
उनका ज्ञान
उनकी समझ
उनका अनुभव
सब कुछ बहुत महत्वपूर्ण लगता था

उनकी बातें
धर्मशास्त्र
उनके आदेश
ब्रह्म वाक्य
उनकी इच्छा
ईश्वरीय इच्छा
उनका व्यवहार अनुकरणीय लगता था

और माँ !
माँ करती ही क्या थी
पिता के आदेश से बँधी

दिन दुनिया से अंजान
बस रसोई में घुसी ही तो रहती थी

उसकी बातें टाली जाती थी
और उसके आदेश अनसुने होते थे
उसकी कोई इच्छा भी थी क्या
हमारे पीछे भागती ही तो रहती थी

कई सालों बाद
मैं बहुत कुछ
अपने पिता की तरह हूँ
और लाख प्रयासों के बाद भी तो
मैं नहीं बन सकता
अपनी माँ जैसा

41. "मैं किसे पुकारता था"

शायद,
शायद नहीं यक़ीनन,
किसी रात के गहरे सपने में,
सुनसान जंगल की एक डगर पर
अकेला -
डर के साये में चलता जा रहा था मैं।

न जाने किस अनदेखे जानवर की भनक से
मैं भाग पड़ा
वहाँ, जहाँ राह नहीं थी
सिर्फ़ एक खाई थी,
और मैं गिर पड़ा ,
अँधेरे में
जहाँ कोई रौशनी नहीं थी।

चीख़ती थीं
अजीब-अजीब आवाज़ें,
झाड़ी से निकलकर डर
आँखों में उतर गया था ।

मैं काँपता था
किसी को पुकारता था।

कोई नाम नहीं ,
बस कहता था - “कोई बचा लो”
पर वो ‘कोई’ कौन था?
जंगल तो खामोश था,
रास्ता छूट चुका था,
और खाई -
वो तो मैंने ही चुनी थी।

फिर भी मैं पुकारता रहा।
हर बार ज़ोर से- भीतर से
और हर बार आवाज़ लौटती थी -
मेरी ही।

मेरा अर्ध चेतन दिमाग़ कह उठा -
शायद
शायद नहीं -यक़ीनन,
मैं ख़ुद को ही पुकारता था।

42. तुम कौन हो?

कुछ लड़कियाँ पसंद करती हैं
बोल देने वाले लड़कों को -
जो दिल की बात छुपाते नहीं,
जो हँसी में भी इश्क़ जता देते हैं,
जिनका दिल हथेली पर धड़कता है।

कुछ को भाते हैं
सफ़र करने वाले,
बाइक पर उड़ती धूल जैसे बेपरवाह,
जो सपनों की तरह
हर मोड़ पर नए लगते हैं।

और कुछ को पसन्द होते हैं
वो जो चुप रहते हैं ,
जिनकी आँखें बोलती हैं,
जो हर वक़्त वहाँ होते हैं
जहाँ उनकी सबसे ज़्यादा ज़रूरत हो,
लेकिन जिन्हें
आसानी भुलाया जा सके ।

कुछ लड़कियों को
ज़िंदगी के अलग-अलग मोड़ों पर
अलग-अलग तरह के लड़के पसंद आते हैं -
कभी बातूनी, कभी ख़ामोश,
कभी मुसाफ़िर, कभी ठहरा हुआ,
कभी जज़्बाती, कभी समझदार।

तुम किस लड़की को
किस मोड़ पर मिले थे?

पर सच ये भी है -
कुछ लड़कियाँ होती हैं
अपनी इच्छा-अनिच्छा से परे ,
माता-पिता की मर्यादा में लिपटी,
जो चाहती बहुत कुछ हैं
मगर कह नहीं पातीं।
जिनकी आँखों में सपने हैं
पर राहें पहले से तय हैं।

अगर तुम्हारे हिस्से
कोई ऐसी लड़की आई ,
क्या तुम उसकी आज़ादी बन सकोगे ?

सवाल ये नहीं है
कि तुम किस तरह के लड़के हो -
बोलने वाले? चुप रहने वाले?
या बस एक मुसाफ़िर?

सवाल ये है -
तुम जिसके साथ हो
क्या तुम उसके लिए वो हो
जिसकी उसे सच में ज़रूरत है ?

43. चालों के खेल : शतरंज और राजनीति

शतरंज का खेल,
चालों का खेल है।
नियमों से बँधे-
चालों से संचालित।

हर मोहरा
अपनी-अपनी औक़ात में कैद -
कोई सीधा चलता है,
कोई टेढ़ा,
कोई उछलकर छलाँग लगाता है,
तो कोई बस एक घर सरकता है ।

ध्येय बस एक -
अपना पक्ष जिताना।
विजय की मुहर उस रंग पर चाहिए
जो उनका है -
चाहे वह सफ़ेद हो या काला।

शतरंज में
सबसे नीचे, सबसे सीमित -
प्यादे होते हैं।
जो सिर्फ़ एक घर चलते हैं,
पर भिड़ते हैं सबसे पहले,
सुरक्षा करते हैं भारी भरकम मोहरों की,
झेलते हैं पहली चोटें।

लेकिन विडंबना देखो -
वही बड़े मोहरे,
कभी खीझ उठते हैं अपने ही प्यादों से,
क्योंकि वे आ जाते हैं
उनकी चालों की राह में।

मगर शतरंज का खेल
अब भी न्यायप्रिय है -
किसी को अधिकार नहीं
कि अपने ही प्यादों को कुचलकर
बढ़ जाए।

पर राजनीति ऐसी नहीं -
यहाँ नियम सिर्फ़ नाम के होते हैं।
राजा और उसके चाटुकार
अपने ही प्यादों को
निर्ममता से दलते हैं,
अपने स्वार्थ की राह खोलते हुए।

यहाँ कोई न्याय नहीं -
न कोई मर्यादा।
यह खेल है सत्ता का,
जिसमें ‘पक्ष’ नहीं,
केवल ‘स्वार्थ’ जीतता है।

राजनीति का खेल
भी चालों का खेल है -
पर यहाँ चालें
किसी नियम से संचालित नहीं होतीं।

44. विनोद कुमार शुक्ल

एक बूढ़ा लिख रहा है
सालों से
शायद पचास से भी ज़्यादा।

अच्छा लिख रहा है।
सच्चा लिख रहा है।
रुक-रुक कर नहीं- लगातार,
जैसे साँस लेना,
जैसे जीवन भर
किसी व्रत को निभाना।

उन्होंने जब
अपनी पहली पुस्तक लिखी,
मैं तब पैदा भी नहीं हुआ था।

और अब जब
मैं उन्हे पढ़ता हूँ,
तो महसूस करता हूँ
भावों से भीगा मन,
आँखों में जल का स्पर्श।

पर मैं अब तक
उन्हे क्यों नहीं पढ़ पाया था?
मैं, जो पढ़ना चाहता था!
हम, जो पढ़ सकते थे?
उन्हे क्यों नहीं पढ़ पाए थे!

क्या उनका दोष था?
या हमारा?
या उस व्यवस्था का
जिसने साहित्य को
मुनाफ़े और प्रचार के तराज़ू पर तौलना शुरू कर दिया?

कमतर शब्द
ज़्यादा बिकते हैं।
शब्दों के सौदागर
पुरस्कारों की पायदान चढ़ते हैं।

और वह?
वह रह गया
एकांत में,
पृष्ठों के जंगल में,
अपने ही लिखे अक्षरों के बीच-
गुमनाम।

कितने “विनोद”
अब भी समय पर पाठकों तक नहीं पहुँच पा रहे
जो पहुँच रहे हैं
बहुत देर से ।

शायद मेरे ये शब्द
कभी पहुँचें वहाँ,
जहाँ इनका कुछ असर होगा
असर होना ही चाहिए

मैं ऐसा कहता हूँ
क्योंकि महसूस करता हूँ
जैसे ‘दीवार में एक खिड़की रहती है’
मुझमें भी
एक 'विनोद' रहता है।